NOTICE

DES OUVRAGES

DE CHALCOGRAPHIE

COMPOSANT LE FONDS

DE C. P. LANDON,

Peintre d'histoire, correspondant de l'Institut royal de France, conservateur des tableaux de la Couronne, membre de la Légion d'Honneur, mort le 5 mars 1826 ;

Dont la vente se fera le mercredi 15 novembre 1826, en l'Etude et par le ministère de Me. GRIOIS, Notaire à Paris, y demeurant, rue des Filles-St.-Thomas, n°. 9.

Parmi les ouvrages dont le fonds sera vendu, c'est-à-dire la toute propriété des cuivres, épreuves et textes qui les composent, sont : les *Annales du Musée*, 20 vol. in-8°. de 60 planches chacun environ, qui seront divisés en autant de lots qu'il y a de parties distinctes et indépendantes dans l'ouvrage, s'il n'y a pas de demande contraire ; les trois éditions de la *Numismatique d'Anacharsis*; la *Galerie de S. A. R. MADAME, duchesse de Berry*; le *Musée du Luxembourg*; les *Prix décennaux*; les matériaux de trois ouvrages commencés, dont deux, fort avancés, sont susceptibles d'être bien accueillis du public. Voyez la présente notice, qui se distribue :

A PARIS,

Chez MM. { GRIOIS, Notaire, rue des Filles-St.-Thomas, n°.9.

DELAUNAY, Commissaire-priseur, rue St.-Honoré, n°. 315.

CATHERINET, rue Neuve des Bons-Enfans, n°. 17.

1826.

Les Marchands et les Amateurs d'objets d'arts,
sont prévenus que le 18 novembre 1826, seront
vendus, rue Mazarine, n°. 1, bâtiment des Quatre-
Nations,

Par le ministère de M⁰. DELAUNAY, Commissaire-Priseur, rue St.-Honoré, n°. 515.

1°. Huit Tableaux peints par M. Landon.

2°. Un grand nombre de Dessins à la plume, faits par M. Lafitte, dessinateur du cabinet du Roi, pour servir aux gravures des Annales du Musée, de la Vie des Peintres, et autres ouvrages publiés par M. C. P. Landon.

3°. Une quantité considérable de Dessins faits à la mine de plomb, pour les mêmes ouvrages, par MM. Mauzaisse, Calmé, Cœuré, Frémy, Chasselat, Leroy, et autres artistes distingués.

4°. Un assortiment de Livres sur les arts, et avec gravures ; plus un nombre de volumes séparés, de gravures sans texte, de textes sans gravures, de la première édition des Annales du Musée, de la Vie des Peintres, des Antiquités d'Athènes et autres ouvrages publiés par M. Landon.

On pourra voir les objets pendant les trois jours qui précéde-
ront la vente, depuis dix heures du matin jusqu'à quatre.

NOTA. Les tableaux annoncés dans la notice sur M. Landon, comme devant être vendus chez M. ROUX, sont les mêmes qui seront vendus rue Mazarine, dans l'atelier même de l'artiste.

NOTICE

SUR M. LANDON ET SES OUVRAGES.

CHARLES-PAUL LANDON, que les arts et les lettres ont perdu le 5 mars 1826, était né, en 1760, d'une famille honorable de Normandie, et descendait, par les femmes, du célèbre Jean Goujon que les Français ont surnommé à juste titre le Corrège de la sculpture. Destiné par ses parens à l'état ecclésiastique, il reçut une très-bonne éducation; mais entraîné par son goût pour les arts et son désir de se répandre dans le monde, il vint à Paris en 1785, étudia la peinture sous M. Vincent, puis sous M. Regnault, et remporta le grand prix de peinture en 1792.

Sans interrompre le cours de ses études *artistiques*, il occupa, dans le même temps, près de monseigneur le comte d'Artois, une charge qui lui procura l'honneur de donner des leçons de dessin à monseigneur le duc d'Angoulème et à monseigneur le duc de Berry. Pendant nos troubles civils, qui le privèrent de l'avantage de séjourner cinq ans à Rome aux frais du gouvernement, comme tous les élèves, qui, comme lui, remportent le grand prix, il resta paisible observateur des événemens, conservant dans son cœur le souvenir des princes qui avaient daigné encourager ses talens naissans et l'honorer de leur bienveillance. Au retour de cette famille auguste, sa fidélité fut récompensée, monseigneur le duc de Berry le nomma peintre de son cabinet.

La connaissance parfaite qu'il avait acquise des chefs-d'œuvres réunis dans notre Musée, par l'analyse qu'il avait faite de chacun d'eux dans son précieux ouvrage, *les Annales du Musée*, lui valut d'être nommé, en 1816, conservateur des tableaux de la couronne, en remplacement de M. Dufourny. Déjà il était secrétaire adjoint de l'Académie de peinture, correspondant de l'Institut de France, et membre de plusieurs sociétés savantes.

Toutefois la réputation qu'il s'est acquise, il la doit davantage à ses écrits sur les arts, à ses entreprises chalcographiques, qu'aux productions de son pinceau, quoiqu'il ait prouvé, par plusieurs tableaux, que, s'il eut exercé plus particulièrement un art pour lequel il avait reçu de la nature des facultés très-précieuses, il serait devenu l'un des maîtres les plus recommandables de notre époque. Tous se distinguent par une composition simple, naïve, pleine de charmes, par un dessin de bon choix, gracieux et coulant, par une expression douce et fine, un coloris vrai, un pinceau précieux. Ses tableaux principaux sont : *Dédale et Icare* s'élançant dans les airs, gravé par A. B. Desnoyers; *Apollon couronnant la Vérité*, gravé par Audoin, en 1797, et dont la composition est imitée d'un camée antique de la galerie de Florence; *le Bain de Paul et de Virginie* (1); *Paul pansant avec des herbages le pied de Virginie* (2) : ces deux sujets, peints de grandeur bien différente, ont été gravés par Simon, pour faire pendant l'un à l'autre; *Léda tenant sur ses génoux Castor et Pollux*; *Vénus assise dans une conque marine*; une *Scène pastorale*, où deux enfans jouent sur l'herbe, tandis que leur mère, qui vient de les allaiter, se plait à les considérer. Ce tableau, l'un des plus aimables qui soient sortis du pinceau de M. Landon, n'est pas entièrement achevé (3). Parmi d'autres sujets de scènes familières que nous pourrions citer encore, nous parlerons seulement de celle connue sous le nom du *Pardon*, par la belle gravure que M. Massard a exécutée d'après en 1801 (4), et dans laquelle on voit une mère pardonner à deux enfans éplorés qui, dans leurs jeux innocens, ont donné la mort à un oiseau étendu à leurs yeux.

Un tableau d'une toute autre importance, et qui aurait certaine-

---

(1) Ces trois tableaux sont exposés dans la galerie du Luxembourg, et appartiennent au Gouvernement.

(2) Ce tableau est un de ceux qui seront vendus chez M. Roux.

(3) Il est un de ceux qui seront vendus chez M. Roux.

(4) Le cuivre de cette estampe fait partie des objets que nous avons à vendre.

ment classé M. Landon parmi les peintres les plus distingués de notre
époque, s'il eut pu l'exécuter en entier, est celui que lui commanda
le gouvernement lorsqu'on s'occupa de la restauration de l'église de
Saint-Denis, pour y recevoir les dépouilles de nos rois. Le sujet
qu'il eût à traiter est : *Saint Louis faisant placer dans cette même
église les tombeaux des rois ses prédécesseurs.* Déjà la composition
de ce tableau était arrêtée, l'esquisse en petit en était peinte, des
études de grandeur naturelle, des têtes et des nuds des principaux
personnages étaient faites, lorsqu'attaqué de la maladie grave qui l'a
conduit lentement dans la tombe ; M. Landon s'est vu forcé d'a-
journer ce grand œuvre ; mais, après plusieurs années d'attente,
pressé enfin par le ministère de livrer son tableau, qui manquait seul
à la décoration de la sacristie pour laquelle il avait été commandé
avec neuf autres confiés à MM. Gros, Meynier, Garnier, Monsiau,
Menjaud, le Barbier, Guérin, Ménageot, il se vit forcé de recourir
à une main étrangère pour l'exécuter. M. Gaillot est l'artiste qui a
bien voulu lui prêter ses pinceaux ; c'est lui qui transporta la composition sur la toile et la peignit conformément aux idées premières
et aux études de son auteur.

Des travaux chalcographiques, auxquels M. Landon dut la plus
grande partie de sa réputation, le premier, le plus important de tous,
celui qui l'a fait connaître comme critique judicieux, éclairé des productions des arts, est, sans contredit, son recueil intitulé *Annales
du Musée et de l'École moderne des Beaux-Arts,* dans lequel il
nous a donné l'esquisse, aussi savamment dessinée que bien rendue
(par un procédé de gravure qu'il a mis en vogue et porté à sa perfection par ses conseils) de tous les tableaux, statues, bas-reliefs
qui ont successivement fait partie de notre Musée. Des nombreux
ouvrages entrepris pour propager la connaissance de ces chefs-d'œuvres (1), celui de M. Landon est le seul qui ait l'inappréciable

_____

(1) Parmi ces ouvrages, deux sont d'une grande importance par le mérite de
leur exécution : le *Musée* publié par MM. Robillard, Peronville et Laurent,
continué ensuite par M. Laurent fils, et dont l'ensemble forme 6 vol. in-fol. ;
la *Galerie du Musée,* due aux soins de M. Filhol, graveur, 10 vol. gr. in-8°.

avantage de n'avoir point été discontinué un instant, et de contenir,
non-seulement tout ce que renferme aujourd'hui le Musée, mais tout
ce qu'il n'a possédé qu'un instant. Ainsi, on peut avec raison le considérer comme le répertoire le plus complet qui ait jamais existé des
productions intéressantes de la peinture et de la sculpture, puisque,
par un concours de circonstances qui n'a d'exemples que dans l'antiquité, tout ce que les nations de l'Europe ont possédé de plus précieux
en objets d'art, a été rassemblé de nos jours sur un même point, et
que ce point était le Louvre. Un autre avantage qu'on ne peut lui con-
tester et qui lui est particulier, est celui de présenter, outre les richesses
dont nous venons de parler, un choix de ce que les Maisons royales,
les Musées spéciaux de Versailles, du Luxembourg, consacrés aux
productions de nos artistes, renferment et ont renfermé de plus remarquable; de contenir les plus intéressans, sous le rapport de l'art,
de ces monumens recueillis dans les églises de France à l'époque de
leur profanation, et réunis à Paris dans un local particulier, rue des
Petits-Augustins, qui fut, plus tard, érigé en Musée des monumens
français; enfin, de receler dans son sein le souvenir des productions
intéressantes que nos artistes vivans ont exposées successivement au
Louvre jusqu'en 1808, époque où M. Landon a consacré une partie
spéciale de son grand ouvrage à nos expositions bisannuelles.

Dans aucun de ses écrits sur les arts, qui sont tous remplis d'observations critiques d'une grande justesse, exprimées dans un style
d'une pureté remarquable, M. Landon n'a fait preuve de plus d'a-
dresse, de franchise et de talent que dans la critique raisonnée des
expositions de nos artistes vivans, qu'il publia sous le titre de *Salons*;
là, sans blesser les convenances, il sut toujours dire la vérité aux
élèves qui suivaient une mauvaise route; encourager, donner de sa-
lutaires conseils à ceux qui, bien que faibles, montraient le germe
d'un vrai talent; apprécier le juste mérite des productions de nos
chefs d'écoles, et se montrer constamment sage et exempt de tout
système exclusif. Cette partie de ses œuvres chalcographiques est d'au-

de 72 planches chacun. Aucune de ces deux collections n'offre l'ensemble de
nos richesses; bien loin de là, le double de leur étendue ne suffirait pas.

tant plus intéressante, que les ouvrages qu'elle fait connaître et dont elle consacre le souvenir, une fois sortis des expositions, sont disséminés, vendus, et perdus, en quelque sorte, pour les amis des arts. Combien de tableaux des maîtres qui nous ont précédé sont aujourd'hui ensevelis dans l'oubli, ou dont le nom de leur auteur est ignoré, qui jouiraient de la renommée due à leur mérite, s'ils avaient eu un historien, un chalcographe comme M. Landon! (1)

Après ces deux ouvrages, celui qui a été le plus utile aux artistes, est son recueil des *Vies et Œuvres complètes des peintres les plus célèbres de toutes les écoles*, en 25 volumes in-4°. de chacun 72 planches; vient ensuite sa *Galerie historique des hommes les plus célèbres de toutes les nations*, dont les portraits sont d'une vérité, d'une ressemblance qui étonnent, lorsqu'on pense que le genre de gravure employé pour arriver à un tel résultat est le *simple trait*. La rédaction des notices jointes à ces portraits, confiée aux hommes les plus éminens dans la littérature, et les plus capables, par le genre de leur talent ou de leurs études, d'écrire convenablement sur tel ou tel personnage, donne une nouvelle preuve du tact, du discernement, des connaissances de M. Landon. Toutes les notices sur les peintres sont faites par lui.

Sa *Description de Paris et de ses édifices*, rédigée par M. Legrand, architecte de la ville et des monumens civils de Paris; celle de *Londres*, faite sur des matériaux anglais, par un jeune littérateur (M. Barjaud) d'un rare mérite, sont principalement recommandables par la bonne exécution de leurs gravures, qui représentent les principaux édifices de ces deux villes rivales, avec une parfaite exactitude (2). Ces deux ouvrages ne font pas moins d'honneur à son goût, à ses connaissances, que l'édition française qu'il a donnée de l'ouvrage des architectes anglais Stuart et Revett, sur les *Antiquités d'Athènes*, en 4 vol. in-fol. Les gravures de ce dernier sont d'une telle exactitude,

---

(1) Le fonds des *Annales du Musée* est l'objet le plus important de la vente que nous allons faire.

(2) Ces quatre derniers ouvrages sont devenus la propriété de MM. Treuttel et Wurtz.

que les Anglais, si jaloux de ce qui leur appartient, qui n'estiment que ce qui sort de la main de leurs artistes, voulant publier une édition de ce livre propre à être mise entre les mains des élèves, n'ont pas cru pouvoir mieux faire que de placer dans cette édition les planches gravées sous la direction de M. Landon (1).

De tous les ouvrages dirigés par cet artiste, il n'en est pas où il ait mis plus de soin, plus de goût, plus d'amour de l'art que dans sa *Numismatique du Voyage d'Anacharsis*, en 2 vol. in-8°. En effet, on conviendra, avec M. Visconti, qui se plut à encourager l'éditeur et à l'aider de ses conseils, qu'il était impossible de mieux conserver le caractère des monumens, qu'on ne l'a fait dans les 90 planches qui composent cet ouvrage. Contre son ordinaire, M. Landon, pour arriver à la perfection, dans la représentation de ces beaux restes de l'antiquité, adopta un genre de gravure qui lui permit d'en rendre toute la finesse ; il eut recours au burin précieux et savant de MM. Leroux, Forster, Guyard, aujourd'hui nos plus habiles graveurs de vignettes, et ces artistes rendirent avec un rare mérite les dessins admirables que M. Nitot Dufresne avait fait pour cet ouvrage, d'après les originaux mêmes (2).

Il nous reste maintenant à parler de quelques ouvrages dont M. Landon projetait la publication, mais qu'une santé toujours chancelante lui a fait laisser imparfaits.

Le plus important, et celui qui aurait pu obtenir un succès durable, est son *Atlas du Musée*, ou catalogue figuré de tous les objets de peinture et sculpture réunis au Louvre, dessinés sur une échelle commune, et présentés par travées, suivant la classification définitive qu'ils ont reçus, gravés à l'eau-forte, et légèrement ombrés, à l'instar de la galerie de Dusseldorff publiée à Bâle en 1778. La moitié de la première section du Musée, autrement dit, de l'École française, est déjà gravée en trois planches, et les matériaux des autres trois planches de cette partie sont tout disposés. Ce commencement d'exécution, et le prospectus imprimé, mais non publié,

(1) Le fonds de cet ouvrage appartient à M. Bance aîné.
(2) Le fonds de cet ouvrage est un de ceux que nous allons vendre.

dont on a joint un exemplaire aux matériaux désignés ci-dessus, suffiront pour faire comprendre toute la pensée de M. Landon, et diriger celui qui voudra conduire à fin cette laborieuse entreprise (1).

Le second des ouvrages qui ont eu un commencement d'exécution, est le volume qu'il voulait rattacher aux *Annales du Musée*, sous le titre *École Anglaise*, et dans lequel il se proposait de réunir ce que les artistes de la Grande-Bretagne ont produit de plus satisfaisant en compositions historiques, et cela pour remplir le but qu'il a toujours eu en vue, de faire de ses *Annales* le répertoire général des productions intéressantes de l'art dans toutes les écoles de l'Europe. Pour arriver à ce résultat, il avait pensé ne pouvoir mieux faire que de choisir parmi la précieuse collection de tableaux nationaux, exécutés aux frais de Bowyer, par les plus habiles artistes de Londres, pour servir de type aux gravures dont il ornait son édition in-folio de l'histoire d'Angleterre de Hume. Ce volume devait se composer de 90 planches, dont dix sont déjà gravées au trait par M. Normand. Tous les dessins des autres sont faits, et avec une perfection, un soin, qui ne permettent pas de douter du succès de l'ouvrage, s'ils sont confiés à un graveur habile. Ce recueil, par son contenu, pourra satisfaire deux classes différentes d'amateurs : ceux qui recherchent les productions intéressantes de l'art, et ceux qui aiment à étudier l'histoire dans les livres où le texte est accompagné de compositions dessinées, qui aident à graver les faits dans la mémoire. (2).

Le troisième des ouvrages importans dont il a préparé la publication, devrait faire connaître *Rome ancienne et nouvelle*, par une suite de 130 pl. d'architecture, gravées au trait, d'après les principaux monumens de tous les âges que renferme cette ville célèbre, et 24 vues pittoresques des places publiques et monumens d'architecture qui sont plus recommandables par leur effet théâtral que par la pureté de leur style. Aujourd'hui que l'architecture est remise en honneur chez nous; que nos jeunes élèves recherchent avec empressement tout

---

(1) Le fonds de cet ouvrage est un de ceux que nous avons à vendre.

(2) *Idem.*

ce qui peut épurer leur goût, étendre leurs connaissances; un tel livre ne pourra qu'être bien accueilli; surtout s'il est gravé avec cette précision, cette finesse, cette juste observation des proportions et des caractères qui distinguent les dessins exécutés par M. Clémence, architecte et pensionnaire de France à Rome. De tous les ouvrages commencés par M. Landon, ce dernier est celui qui causera le moins d'embarras à l'éditeur; tout est disposé, le texte, rédigé par son fils (M. Ch. H. Landon, architecte du gouvernement, pensionnaire de France à Rome), est entièrement achevé; il n'y a plus que les graveurs à mettre à l'œuvre.

Nous terminerons ici la revue des entreprises projetées par M. Landon, les autres n'ayant eu qu'un faible commencement d'exécution; seulement, à l'article du catalogue où des planches d'essai seront annoncées, nous donnerons les détails qui y sont relatifs.

N°. 1.

ANNALES DU MUSÉE et de l'Ecole moderne des beaux-arts ; recueil de gravures au trait, d'après les tableaux, statues et antiquités du Musée royal, aux différentes époques de son établissement et dans son état actuel, et les principales productions de l'Ecole française jusqu'en 1808; un choix des monumens du Musée des Petits-Augustins, etc., etc. ; accompagné de descriptions, d'observations critiques et historiques, et d'un abrégé de la vie des artistes; par C. P. Landon, peintre de S. A. R. le duc de Berry, chevalier de la Légion-d'Honneur, correspondant de l'Institut de France ; 2e. édition, 25 vol. in-8°., contenant chacun environ 60 planches.

Tomes.	Nombre de cuivres.	Epreuv. ordinair.	Epreuv. vélin.	Texte		Exemplaires broch. et cartonn.			
				ordinaire	vélin.	ord. br.	ord. car	vél. br.	vél. car
1	56	92	6	415	44	41	13	4	3
2	61	24	6	422	44	35	12	4	3
3	59	25	6	420	44	42	16	3	3
4	60	20	6	420	44	15	16	»	3
5	60	30	6	422	44	12	17	»	3
6	63	30	6	446	44	11	17	»	3
7	64	100	6					»	
8	51	100	6					»	
9	57	30	6	446	44	11	17	»	3
10	65	30	6	446	44	13	17	»	3
11	63	30	6	446	44	13	18	»	3
12	55	30	6	446	44	16	21	»	4
13	71	30	6	446	44	30	24	»	4
14	65	100	6	492	50				
15	70								
16	70								
17	76								
18	73								
19	77								
20									
21	167								
22									
23	81								
24	53								
25	92								

L'avantage de cette seconde édition sur la première est de réunir et de présenter, en trois classes distinctes et spéciales, toutes les productions de l'art que les divers Musées de France possèdent et ont possédées, tels que celui du Louvre, de Versailles, du Luxembourg, des Petits-Augustins, etc. La peinture, la sculpture, l'architecture, n'y sont plus confondues; les maîtres des différentes écoles sont séparés, classés méthodiquement, ainsi que leurs ouvrages, et, outre la mesure des tableaux et statues qui n'a point été donnée dans la première édition, on y trouve l'estimation approximative de la valeur pécuniaire de chacun, d'après l'opinion des connaisseurs accrédités.

Pour aider à la publication des tomes 7, 8, 15 à 25, qui sont encore à imprimer, il existe des tables manuscrites de la main de M. Landon, indiquant ce qu'il avait l'intention de faire, et, de plus, des volumes figurés, texte et planches de la première édition, tels qu'ils sont projetés pour la seconde; pour compléter ces matériaux il ne manque que l'indication des mesures, celle de la valeur des objets, s'ils sont encore au Musée, et autres renseignemens de cette espèce qu'on trouvera au secrétariat du Musée.

Le volume figuré du tome 3 de l'Ecole française ancienne, ainsi que sa table manuscrite, ne se sont pas retrouvés.

Il manque les volumes figurés des tomes 18, 19, ou tomes 3, 4, Ecole française moderne. — La table est présente.

Pour compléter la partie *sculpture antique*, M. Landon a pensé qu'il faudrait graver au moins vingt-cinq nouvelles planches.

N°. 2.

ANNALES DU MUSÉE; Ecole anglaise. Volume projeté aussi sous le titre : HISTOIRE D'ANGLETERRE : choix de compositions tirées du grand ouvrage publié à Londres par Bowyer, réduites et gravées au trait, de format in-8°. Comme nous l'avons dit dans la notice, le but de M. Landon était de compléter, par ce volume, le répertoire des productions intéressantes de l'art dans toutes les Ecoles que devaient offrir ses Annales. Il se proposait aussi d'en faire un ouvrage à part, sous le titre spécial d'Histoire d'Angleterre. Cette double publication aurait eu certainement un double résultat, et non moins avantageux l'un que l'autre.

1 planche de 4 sujets gravés au trait par M. C. Normand.

6 planch. in-8°. de 1 sujet, gravées au trait par M. Reveil.

90 dessins non gravés et complétant le choix fait par M. Landon.

1 exemplaire de l'ouvrage original de Hume, en anglais, d'après lequel M. Landon a fait son travail préparatoire : 70 livraisons in-folio (manque l'épreuve de la planche représentant Henri et Louis conduisant le pape au château de Zorcy), orné de 196 estampes exécutées d'après autant de tableaux, composés et peints exprès par les plus habiles artistes de l'Angleterre pour cette publication véritablement nationale.

2 cuivres blancs pour le même ouvrage.

N°. 3.

ANNALES DU MUSÉE, 2°. PARTIE DE LA 1re. ÉDITION, composée de 6 vol. in-8°., de tableaux d'anciens maîtres et de sculptures antiques, provenant, pour la plupart, des conquêtes des Français en Allemagne, en Prusse, en Italie dans les campagnes de 1805 et 1806, et des deux plus importantes galeries particulières qui aient existées en France.

	Cuivres gravés	Epreuv. ordin.	Epreuv. vélin.	Epreuv. hollan.	Texte ordin.	Texte vélin.	Exem. broch.	Exem. carton.
Galerie Giustiniani, 1 vol.	13	36	2		370	25	5	6
Galerie Massias, 1 v.	12	4	1		314	»	27	1
Partie ancienne et supplémentaire des Annales du Musée. { t. 1er	0	28	1	5	98	28	14	4
t. 2e.	0		3	5	204	34	11	1
t. 3e.	0	20	12	5	306	35	12	2
t. 4e.	0	279	15	4	562	28	12	

Il y a en plus un tome 1 et 2 de la partie ancienne, reliés.

NOTA. Les cuivres qui composent les quatre volumes de la partie ancienne ayant été dispersés dans la nouvelle édition des Annales du Musée, ces volumes ne peuvent être vendus qu'à l'acquéreur du fonds de cette nouvelle édition, à moins qu'on ne fasse tirer de suite un nombre d'épreuves des tomes 1, 2, 3. En complétant cent exemplaires du tome 1er, 150 du tome 2e., 200 du tome 3e., cela suffirait probablement pour compléter les souscripteurs arriérés.

N°. 4.

ANNALES DU MUSÉE, SALONS, 13 vol. in-8°. de 72 plauches chacun, offrant un recueil de pièces choisies parmi les ouvrages de peinture et de sculpture exposés au Louvre tous les deux ans par les artistes vivans, et autres productions nouvelles et inédites de l'Ecole française, gravées au trait, avec l'explication des sujets et un examen général de chaque exposition. (1)

Salons de	Tomes	Cuivres	Epreuv ordin.	Epreuv vélin.	Texte ordin.	Texte vélin.	Ordin. carton.	Ordin. broché.
1808.	1	12	21	0	534	62	10	12
	2	12	23	4	130	18	10	14
1810.	1	12	48	2	378	22	10	6
1812.	1	12	33	3	474	29	10	7
	2	12	18	3	530	32	10	6
1814.	1	12	50	4	698	32	10	10
1817.	1	12	29	13	662	40	8	5
1819.	1	12	17	6	780	43	5	3
	2	12	14	6	824	43	5	4
1822.	1	18	0	0	674	16	2	8
	2	18	0	0	704	16	1	15
1824.	1	18	61	19	805	44	5	4
	2	18	73	19	808	44	11	3

Il y a de plus 6 Salons de 1822, tomes 1 et 2, pap. vélin cartonnés, et divers volumes ordinaires et vélin reliés.

———

Ouvrages extraits des Annales du Musée, par C. P. Landon.

N°. 5.

PRIX DÉCENNAUX (2). Recueil des ouvrages de peinture, sculpture, architecture, gravure en taille-douce, en

———

(1) Parmi les recueils sur les arts qui seront vendus chez M. Roux, est le modèle ou brouillon d'un ouvrage projeté par M. Landon, sous le titre MUSÉE HISTORIQUE FRANÇAIS, formé de planches extraites des Annales du Musée et des Salons. (*Voyez la notice de cette autre vente.*)

(2) Il faudrait ajouter la gravure du tableau des Sabines, publiée

médailles et en pierres fines, cités dans le rapport du
jury sur les prix décennaux, etc. exposés le 25 août 1816,
dans le grand salon du Musée, publié par C. P. Landon;
1 vol. in-8°. avec 45 pl. extraites des Salons et Annales
du Musée.

Texte.

300 exemplaires papier ordinaire.
  24   *id.*   papier vélin.

Gravures tirées.

  24   *id.*   papier ordinaire.
  23   *id.*   papier vélin, dont 3 incomplets par les
               pl. 11 et 36.

  3   *id*   compl. cartonnés, pap. ordin.

N°. 6.

MUSÉE ROYAL DU LUXEMBOURG, recréé en 1822,
et composé des principales productions des artistes vivans; 1 vol. in-8°., contenant 63 gravures au trait,
d'après les tableaux, statues, etc. qui composent ce
Musée.

64 exempl. en feuilles, texte et planches.
37 *id.* cartonnés.   *id.*

Cet ouvrage n'a point encore été livré au public.

N°. 7.

CHOIX DE TABLEAUX MODERNES de la galerie de
S. A. R. la duchesse de Berry; 1 vol. in-8°., composé
de 26 gravures et d'une table explicative des sujets.

96 exempl., texte et gravures en feuilles.
10 *id.* cartonnés.

Ce volume n'a point encore été livré au public.

---

depuis dans les Annales du Musée; celle de la famille de Priam, par
Garnier. Vingt et quelques sujets sont tirés des Annales du Musée, un
de la Description de Paris : le reste, du salon de 1808.

N°. 8.

LES AMOURS DE PSYCHÉ ET DE CUPIDON , par Apulée, traduction nouvelle par M. Feuillet, bibliothé-caire de l'Institut, ornée des 32 compositions de Raphaël gravées au trait; un vol. in-folio imprimé sur pap. vélin par F. Didot (1809).

1 exemplaire cartonné.

47 exemplaires en feuilles, complets, texte et gravures.

Les cuivres de cet ouvrage appartiennent à MM. Treuttel et Wurtz, et font partie des Vies et Œuvres des Peintres célèbres.

N°. 9.

NUMISMATIQUE D'ANACHARSIS , ou Médailles des beaux temps de la Grèce, dessinées d'après les monu-mens mêmes, par N. Dufrèsne, et gravées au burin par Leroux, Forster, Guyard, etc., sous la direction de C. P. Landon, accompagnées de descriptions et d'un essai sur la science des médailles, par T. M. Dumersan, 2 vol. in-8°. Paris, 1809.

Cuivres.

90 planches de médailles gravées et ombrées au burin, d'après les dessins de Nitot Dufresne, par Leroux, Forster.

NOTA. Ces planches sont celles de la première édition de ce livre, qui se compose de 2 vol. in-8°. de texte , dans lequel elles sont inter-foliées.

Texte en feuilles.

740 exempl. des 2 vol. in-8°., composés de 18 feuilles $^3/_4$ d'impression sur beau papier. Didot jeune, 1818:

28. *id.* tome 1er. isolément , mais pareil nombre du tome 2e., imparfait par quelques feuilles, est dans le paquet de défets.

32 *id.* complets des 2 vol., papier vélin.

Gravures tirées.

38 exempl. des 90 pl. pour les 2 vol. in-8°., pap. ordin. et paquets de défets.

6 *id.* *id.* du tome 2e., papier vélin.

2 *id.* *id.* tirées in-folio, sur papier vélin.
1 *id.* *id.* *id.* sur papier ordinaire.

Exemplaires brochés et cartonnés.

12 exempl. des 2 vol. brochés, pap. ordin.
2 *id.* du tom. 1ᵉʳ. *id.* séparément.
2 *id.* des 2 vol., cartonnés, pap. ord.
2 *id.* *id.* *id.* pap. vél.

N°. 10.

NUMISMATIQUE D'ANACHARSIS, deux éditions, l'une
en 1 vol. in-8°. de huit feuilles et demie, l'autre en 1 vol.
in-18 de quatre feuilles un quart, imprimés par Rignoux,
en 1823.

Cuivres.

8 planches de cuivre, gravées au trait par M. Réveil,
contenant les 90 médailles de la 1ʳᵉ. édition.

Texte in-8°.

384 exempl. complets en feuilles.

Texte in-18.

380 exempl. complets en feuilles.

Planches tirées.

83 exempl. grand in-8°.
96 *id.* grand in-18.

Brochés et cartonnés.

40 exempl. complets, in-8°., brochés.
54 *id.* *id.* in-18, *id.*

N°. 11.

ROME ANCIENNE ET MODERNE, considérée sous
LE RAPPORT DE L'ARCHITECTURE; un vol. in-4°. contenant 129 planches gravées au trait d'après les monumens
les plus remarquables de cette ville célèbres, sur les
dessins de M. Clémence, architecte, pensionnaire de
l'Académie de France à Rome, et 24 vues pittoresques
gravées et ombrées à l'eau-forte; avec une description
historique et critique de chaque monument en particu-

lier, par Ch. H. Landon, architecte du gouvernement et pensionnaire de l'Académie de France à Rome.

Ce fonds se compose des 129 dessins destinés à être gravés au trait, dont deux le sont déjà par M. Hibon ; des 24 vues pittoresques gravées et ombrées à l'eau-forte avec un talent admirable par M. Beaugean, connu par le joli voyage pittoresque en France, qu'a publié M. Osterwald ; du manuscrit historique et descriptif rédigé par M. Ch. H. Landon, pouvant fournir quinze feuilles d'impression ; ainsi l'éditeur n'aura que le graveur à mettre à l'œuvre.

N°. 12.

ATLAS DU MUSÉE ROYAL, ou Catalogue figuré de ses tableaux et statues ; ouvrage projeté en 1810 par M. Landon, et devant donner une connaissance exacte du Musée, de son local, de ses distributions, par une suite de 48 planches (ou sections de la galerie de peinture et de la galerie des antiquités), gravées et ombrées en taille-douce, représentant autant de sections ou travées des galeries de peinture et de sculpture, où tous les objets étaient dessinés sur une échelle commune, et disposés dans l'ordre définitivement adopté pour la classification et l'arrangement du Musée, avec une indication des sujets, des dimensions, des noms d'auteurs, etc., etc., accompagnées d'une table générale et alphabétique, au moyen de laquelle on pouvait trouver dans ce recueil les productions de chaque maître.

Cet ouvrage devait offrir un plan général du Musée et de ses dépendances, ses élévations et coupes géométrales.

Il n'en a été exécuté que trois planches, qui contiennent la moitié des tableaux de l'Ecole française exposés en 1810 au Musée. Trois autres planches sont disposées pour être gravées, et compléter cette première section de l'ouvrage. — Aujourd'hui que le Musée a reçu une classification tout-à-fait différente, les planches faites d'après celle de 1810 peuvent paraître de peu de valeur ; cependant, si l'on considère que ce n'est pas dans l'Ecole française, qu'elles contiennent, que notre musée a subi de notables changemens, on pensera qu'elles peuvent être conservées et achevées telles qu'elles ont été préparées, par celui qui voudra, pour les écoles qui n'ont point été dessinées, continuer l'ouvrage sur le plan conçu par M. Landon.

Indépendamment des trois planches ci-dessus, il existe celle qui donne le plan du Musée et de ses dépendances, ses coupes et élévations. M. Landon l'a placée en tête du tome 1er de sa nouvelle édition des Annales du Musée.

CUIVRES DIVERS.

N°. 13.

23 planches d'architecture, format in-8°., gravées au trait; contenant divers projets d'architectes modernes français et quelques monumens antiques. Ces planches, extraites des Annales du Musée, ne sont point comprises dans la table du volume d'architecture de la nouvelle édition de cet ouvrage, rédigée par M. Landon.

N°. 14.

12 planches supprimées des Annales du Musée, et sans aucune utilité pour cet ouvrage.

N°. 15.

14 planches, frontispices de la 1re. édition des Annales du Musée, supprimées dans la 2e. édition de l'ouvrage.

N°. 16.

36 planches ombrées, paysages et tableaux de genre, supprimées des Annales du Musée comme hors d'état de fournir un bon tirage.

N°. 17.

15 planches au trait, supprimées des Annales du Musée, mais susceptibles d'être utilisées.

N°. 18.

20 planches au trait tirées des Nouvelles des Arts, journal publié pendant les années 1801 à 1805, et qui n'a eu qu'un petit nombre de souscripteurs.

13 planches de variétés au trait, d'après l'Albane et autres maîtres, n'ayant jamais été publiées et pouvant entrer dans un volume supplémentaire aux Annales du Musée, avec les 20 planches des Nouvelles des Arts, et peut-être les 15 de l'article n°. 17.

(18)

N°. 19.

1 pl. in-4°., représentant deux Muses gravées au pointillé, pl. *neuve.*

N°. 20.

1 pl. in-4°. contenant deux portraits gravés à l'eau-forte, et ombrés, d'après Raphaël, *cuivre neuf.*

N°. 21.

5 planches in-8°. de la Numismatique d'Anacharsis ombrées *sans utilité* pour l'ouvrage auquel elles semblent appartenir.

2 planches in-4°.   *id.*   *id.*   portraits.
Ces cuivres n'ont jamais tiré.

N°. 22.

1 planche contenant 6 sujets de marine, format in-12, gravés à l'eau-forte et ombrés par Beaugean.
Ce cuivre n'a jamais tiré.

N°. 23.

Une planche de six sujets, format in-12, de Monuméns d'Architecture dés différens peuples, d'instrumens de chimie, etc., destinée pour un ouvrage élémentaire sur les connaissances humaines. *Planche neuve.*

N°. 24.

LE PARDON, estampe gravée par U. Massard, d'après un tableau de M. Landon, représentant une femme debout, vêtue de satin, pardonnant à deux enfans nuds, en chemise, qui ont fait mourir un oiseau dans leurs jeux innocens. Dimension 17 pouces de haut sur 11 p. de large.

27 épreuves avant la lettre.

1 épreuve avant la lettre, sur papier de Chine.

22 épreuves avec la lettre.

De l'Imprimerie de RICHOMME, rue Saint-Jacques, N°. 67.